школа - mekdep ||||| ||| ||||||||||||||||||| 2
путешествие - syýahat 5
транспорт - ulag 8
город - şäher AF205502 10
ландшафт - landşaft 14
ресторан - restoran 17
супермаркет - supermarket 20
напитки - içgiler 22
еда - nahar 23
ферма - ferma 27
дом - öý 31
гостиная - myhman otagy 33
кухня - aşhana 35
ванная комната - wanna otagy 38
детская комната - çaga otagy 42
одежда - egin-eşik 44
офис - ofis 49
экономика - ykdysadyýet 51
профессии - hünärler 53
инструменты - gurallar 56
музыкальные инструменты - saz gurallary 57
зоопарк - haýwanat bagy 59
спорт - sport 62
действия - hereket 63
семья - maşgala 67
тело - ten 68
больница - hassahana 72
неотложный случай - gaýragoýulmasyz ýagdaý 76
земля - zemin 77
часы - sagat 79
неделя - hepde 80
год - ýyl 81
формы - görnüşler 83
цвета - reňkler 84
противоположности - garşylykly 85
цифры - sanlar 88
языки - diller 90
кто / что / как - kim / näme / nähili 91
где - nirede 92

Impressum
Verlag: BABADADA GmbH, Nedderfeld 112 , 22529 Hamburg
Geschäftsführer / Verlagsleitung: Harald Hof
Druck: Books on Demand GmbH, In de Tarpen 42, 22848 Norderstedt

Imprint
Publisher: BABADADA GmbH, Nedderfeld 112 , 22529 Hamburg, Germany
Managing Director / Publishing direction: Harald Hof
Print: Books on Demand GmbH, In de Tarpen 42, 22848 Norderstedt, Germany

школа

mekdep

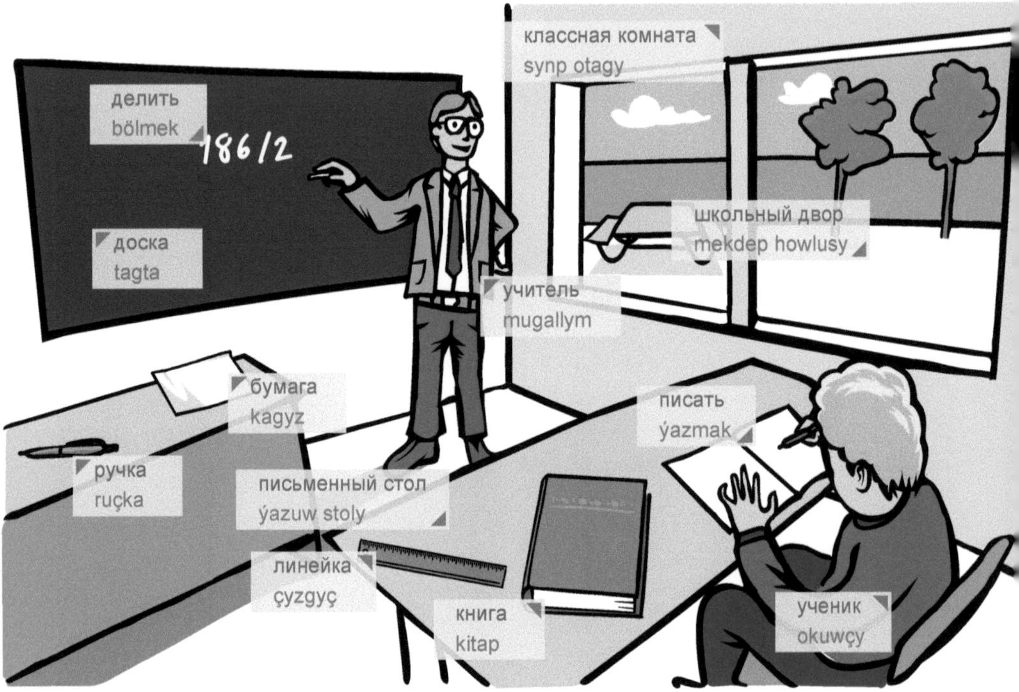

классная комната
synp otagy
делить
bölmek
186/2
доска
tagta
школьный двор
mekdep howlusy
учитель
mugallym
бумага
kagyz
писать
ýazmak
ручка
ruçka
письменный стол
ýazuw stoly
линейка
çyzgyç
книга
kitap
ученик
okuwçy

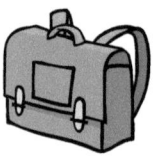

ранец

ranes

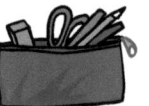

пенал

penal

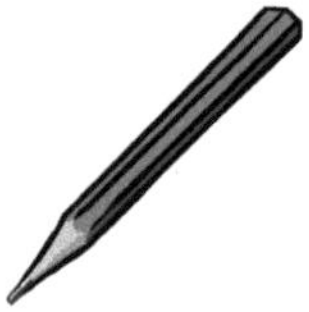

карандаш

galam

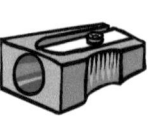

точилка

galam artylýan

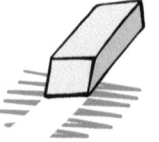

ластик

bozguç

альбом для рисования

surat çekmek üçin albom

рисунок

surat

кисточка

çotgajyk

коробка красок

reňkli guty

ножницы

gaýçy

клей

ýelim

тетрадь

depder

домашняя работа

öý işi

цифра

san

прибавлять

goşmak

вычитать

aýyrmak

умножать

köpeltmek

считать

hasaplamak

буква

harp

алфавит

elipbiý

hello

слово

söz

текст

tekst

читать

okamak

мел

hek

урок

sapak

классный журнал

synp dergisi

экзамен

synag

диплом

diplom

школьная форма

mekdep lybasy

образование

bilim

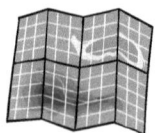

энциклопедия

ensiklop ediýa

университет

uniwersitet

микроскоп

mikroskop

карта

karta

корзина для бумаг

kagyz üçin sebet

путешествие

syýahat

гостиница
myhmanhana
Grand
турбаза
syýahatçylyk bazasy
пункт обмена валюты
walýuta çalyşmak üçin bent
EXCHANGE
чемодан
çemedan
автомобиль
awtomobil

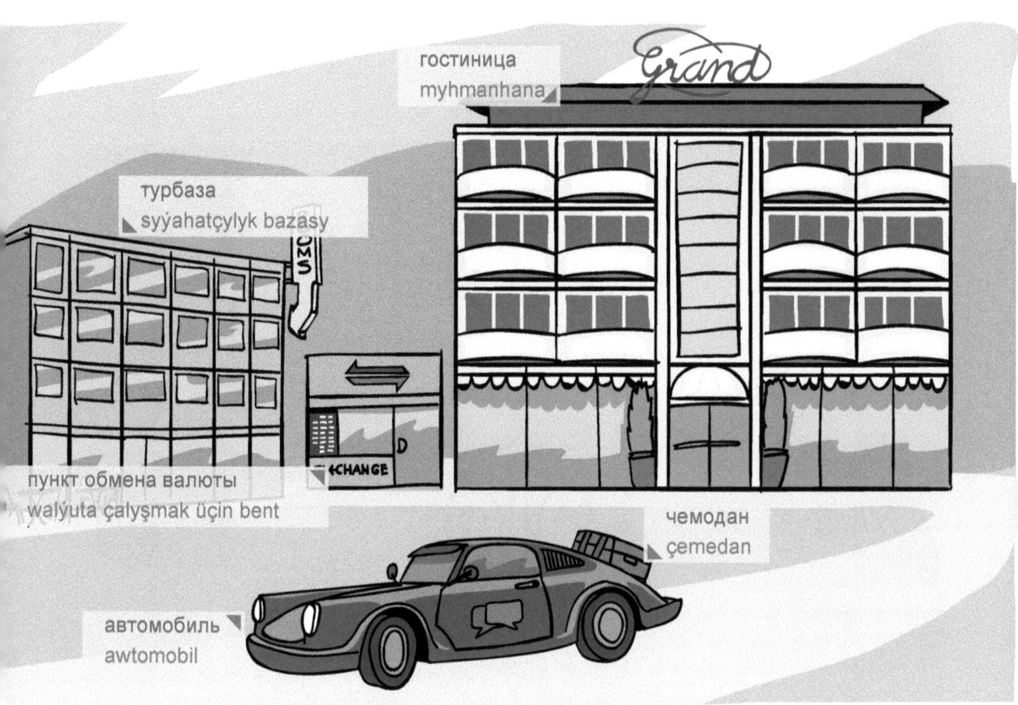

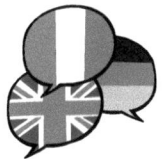

язык

dil

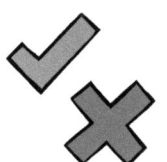

да / нет

hawwa / ýok

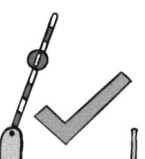

хорошо

bolýa

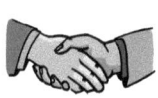

Привет

salam

переводчик

terjimeçi

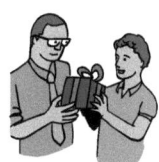

Спасибо

Minnetdar

Сколько стоит...?

bahasy näçe?

Я не понимаю

men düşünmeýärin

проблема

mesele

Добрый вечер!

Agşamyňyz haýyr!

Доброе утро!

Ertiriňiz haýyrly!

Доброй ночи!

Gijäňiz rahat bolsun!

До свидания

görüşýänçäk

направление

ugur

багаж

ýük

сумка

torba

рюкзак

eginden asylýan torba

гость

myhman

комната

otag

спальный мешок

halta ýorgan

палатка

çadyr

туристическая информация
syýahatçylyk maglumaty

пляж
kenarýaka

кредитная карточка
karz karty

завтрак
ertirlik

обед
günortanlyk

ужин
agşamlyk

билет
petek

лифт
lift

почтовая марка
poçta markasy

граница
çäk

таможня
gümrük

посольство
ilçihana

виза
wiza

паспорт
pasport

транспорт

ulag

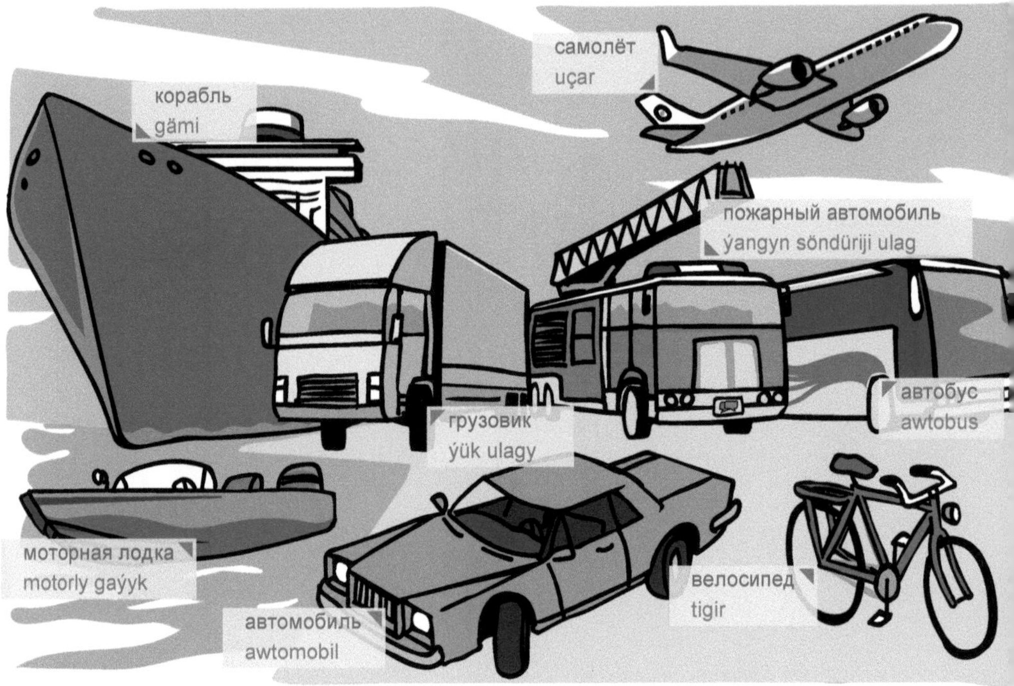

самолёт
uçar
корабль
gämi
пожарный автомобиль
ýangyn söndüriji ulag
автобус
awtobus
грузовик
ýük ulagy
моторная лодка
motorly gaýyk
велосипед
tigir
автомобиль
awtomobil

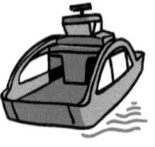

паром

parom

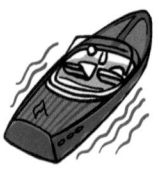

лодка

gaýyk

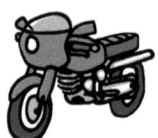

мотоцикл

motosikl

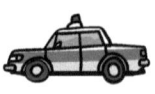

полицейский автомобиль

polisiýa ulagy

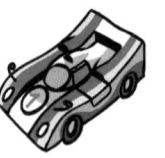

гоночный автомобиль

çapyşyk

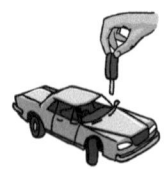

арендованный автомобиль

kärendä alnan ulga

совместное пользование
автомобилями

ulagy bilelikde ulanmak

буксировочный
автомобиль
tirkeg ulagy

мусоровоз

zir-zibil daşaýan ulag

двигатель

hereketlendiriji

топливо

ýangyç

заправка

guýma

дорожный знак

ýol belgisi

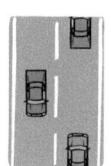

движение

hereket

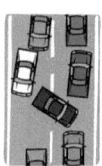

пробка

dyky

автостоянка

awtoduralga

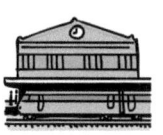

вокзал

menzil

рельсы

seplem

поезд

otly

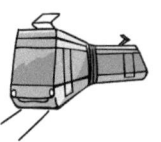

трамвай

tramwaý

вагон

wagon

вертолёт

dik uçar

аэропорт

howa menzili

вышка

minara

пассажир

ýolagçy

контейнер

konteýner

коробка

guty

тележка

araba

корзина

sebet

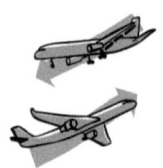

взлетать / приземляться

uçmak / gonmak

город

şäher

деревня

oba

центр города

şäher merkezi

дом

öý

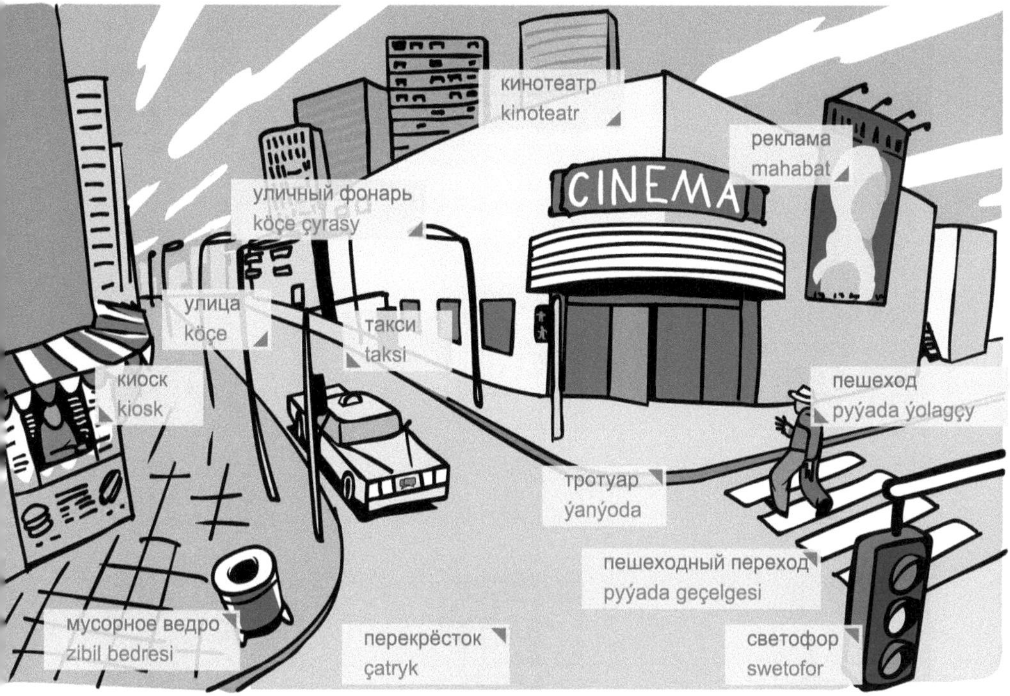

кинотеатр
kinoteatr

реклама
mahabat

уличный фонарь
köçe çyrasy

CINEMA

улица
köçe

такси
taksi

пешеход
pyýada ýolagçy

киоск
kiosk

тротуар
ýanýoda

пешеходный переход
pyýada geçelgesi

мусорное ведро
zibil bedresi

перекрёсток
çatryk

светофор
swetofor

хижина

kepbe

квартира

öý

вокзал

menzil

ратуша

şäher häkimligi

музей

muzeý

школа

mekdep

город - şäher

университет

uniwersitet

банк

bank

больница

hassahana

гостиница

myhmanhana

аптека

dermanhana

офис

ofis

книжный магазин

kitap dükany

магазин

dükan

цветочный магазин

gül dükany

супермаркет

supermarket

рынок

bazar

универмаг

uniwermag

торговец рыбой

balyk söwdagäri

торговый центр

söwda merkezi

порт

port

парк
park

скамейка
oturgyç

мост
köpri

лестница
merdiwan

метро
metro

тоннель
ötük

автобусная остановка
awtobus

бар
bar

ресторан
restoran

почтовый ящик
poçta gutusy

табличка с названием улицы
köçäni adyny görkezýän ýazgy

паркометр
parkometr

зоопарк
haýwanat bagy

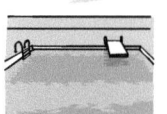

бассейн
basseýn

мечеть
metjit

ферма
ferma

загрязнение окружающей среды
daşky gurşawyň hapalanmagy

кладбище
gonamçylyk

церковь
buthana

детская площадка
çaga meýdançasy

храм
ybadathana

ландшафт

landşaft

лист
ýaprak

дорожный указатель
ýol görkeziji

дорога
ýol

луг
ýaýla

камень
daş

дерево
agaç

путешественник
syýahatçy

река
derýa

трава
ot

цветок
gül

долина

dere

гора

dag

озеро

köl

лес

tokaý

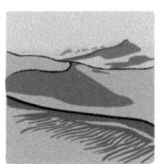

пустыня

çöl

вулкан

wulkan

замок

gulp

радуга

älemgoşar

гриб

kömelek

пальма

palma agajy

комар

çybyn

муха

sinek

муравей

garynja

пчела

bal arysy

паук

möý

жук

tomzak

лягушка

gurbaga

белка

awusiýdik

еж

kirpi

заяц

towşan

сова

baýguş

птица

guş

лебедь

guw

кабан

ýekegapan

олень

sugun

лось

los

плотина

bent

ветряной генератор

şemal generatory

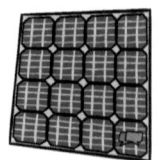

солнечная батарея

gün batareýasy

климат

howa

официант
ofisiant

меню
menýu

стул
oturgyç

суп
çorba

пицца
pizza

столовые приборы
aşhana gap-gaçlary

скатерть
stoluň örtgi matasy

закуска

garbanma

главное блюдо

esasy tagam

десерт

süýjülik

напитки

içgiler

еда

nahar

бутылка

süýşe

фастфуд

tiz tagam

уличная еда

köçe iýmiti

чайник

çäýnek, kitir

сахарница

şeker gaby

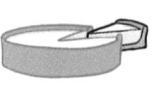

порция

porsiýa

кофеварка

kofe gaýnadyjy

детский стульчик

çaga oturgyjy

счет

hasap

поднос

mejme

нож

pyçak

вилка

çarşak

ложка

çemçe

чайная ложка

çaý çemçesi

салфетка

salfetka

стакан

bulgur

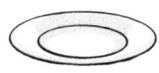

тарелка

tarelka

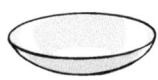

суповая тарелка

çorba tarelkasy

блюдце

tabajyk

соус

sous

солонка

duz gaby

мельница для перца

burçy üweýji

уксус

sirke

масло

ýag

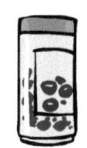

специи

huruş

кетчуп

ketçup

горчица

gorçisa

майонез

maýonez

супермаркет
supermarket

специальное предложение
ýörite teklip
FOR
покупатель
alyjy
молочные продукты
süýt önümleri
фрукты
miweler
тележка для покупок
satyn alnan zatlar üçin araba

BUTCHERS

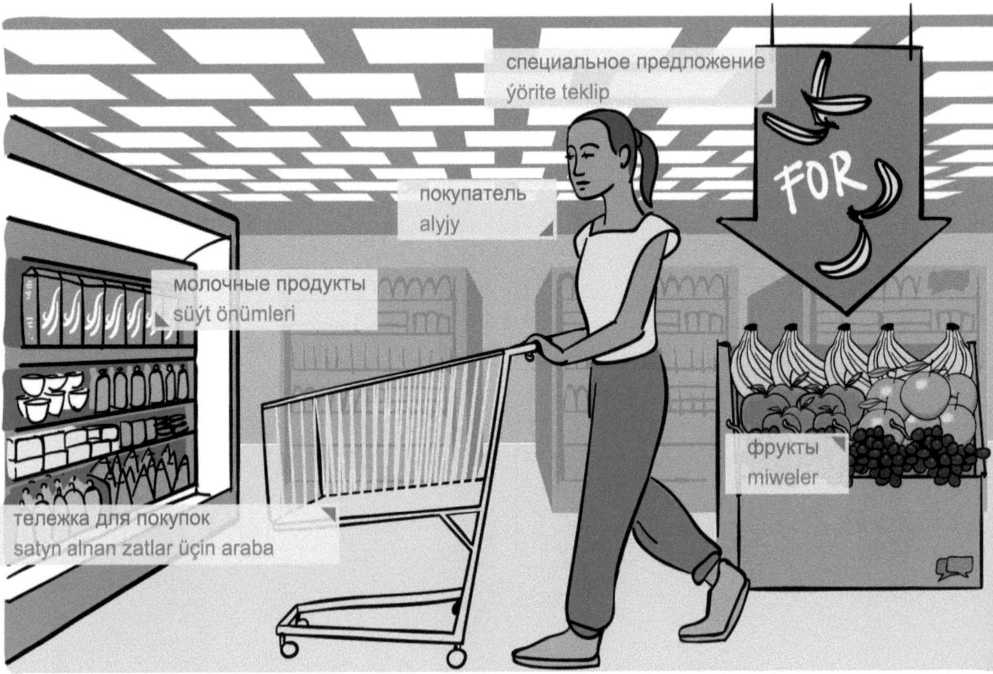

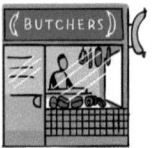

мясной магазин

et dükany

BAKERY

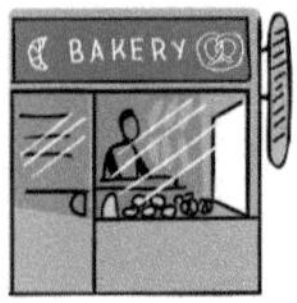

пекарня

çörek kärhanasy

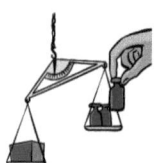

взвешивать

ölçemek

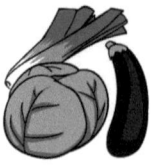

овощи

gök önümler

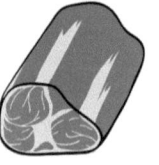

мясо

et

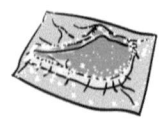

быстрозамороженные продукты

tiz doňýan önümler

нарезка
kesme

консервы
konserwirlenen önümler

стиральный порошок
kir ýuwujy toz

сладости
süýjülikler

предмет домашнего обихода
öýde ulanylýan zat

моющее средство
ýuwujy serişde

продавщица
satyjy aýal

касса
kassa

кассир
pulhanaçy

список покупок
satyn alynmaly zatlar

время работы
iş wagty

бумажник
gapjyk

кредитная карточка
karz karty

сумка
sumka

полиэтиленовый пакет
polietilen paket

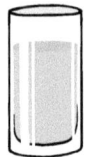

вода

suw

сок

şire

молоко

süýt

кока-кола

koka-kola

вино

wino

пиво

piwo

алкоголь

alkogol

какао

kakao

чай

çaý

кофе

kofe

эспрессо

espresso

капучино

kapuçino

банан

banan

яблоко

alma

апельсин

pyrtykal

арбуз

garpyz

лимон

limon

морковь

käşir

чеснок

sarymsak

бамбук

bambuk

лук

sogan

гриб

kömelek

орехи

hoz

лапша

un aş

спагетти

spagetti

рис

tüwi

салат

işdäaçar

картофель фри

gowurylan ýer alma

жареный картофель

gowurylan ýer alma

пицца

pizza

гамбургер

gamburger

сэндвич

sendwiç

шницель

üweme

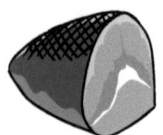

ветчина

wetçina

салями

salýami

колбаса

şöhlat

курица

towuk

жаркое

gowrulyp taýýarlanýan nahar

рыба

balyk

овсяные хлопья

süle patragy

мюсли

mýusli

кукурузные хлопья

mekgejöwen patragy

мука

un

круассан

kruassan

булочка

bulka

хлеб

çörek

тост

tost

печенье

köke

масло

ýag

творог

dorog

пирог

pirog

яйцо

ýumurtga

яичница

heýgenek

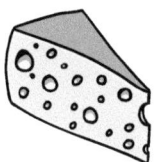

сыр

peýnir

мороженое

doňdurma

сахар

şeker

мёд

bal

мармелад

marmelad

крем с нугой

nogully krem

карри

karri

ферма

ferma

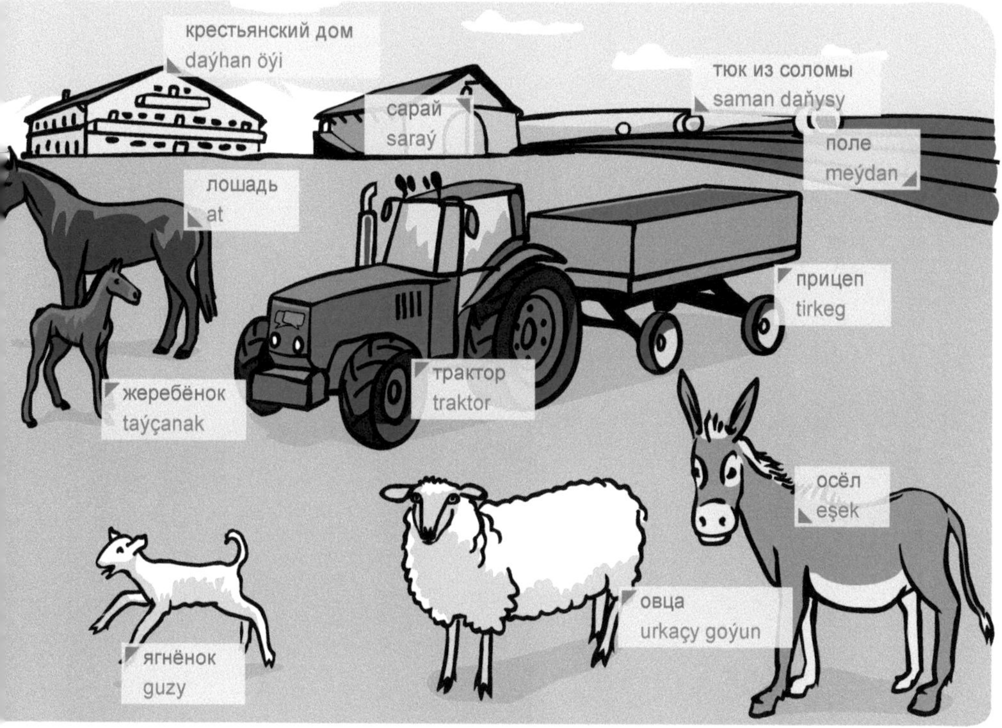
крестьянский дом
daýhan öýi
сарай
saraý
тюк из соломы
saman daňysy
поле
meýdan
лошадь
at
прицеп
tirkeg
жеребёнок
taýçanak
трактор
traktor
осёл
eşek
овца
urkaçy goýun
ягнёнок
guzy

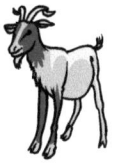

коза

geçi

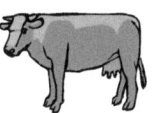

корова

sygyr

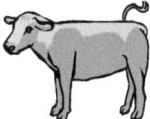

телёнок

göle

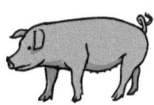

свинья

doňuz

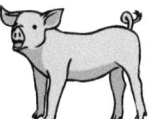

поросёнок

jojuk

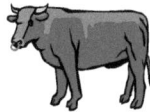

бык

öküz

гусь
gaz

утка
ördek

цыплёнок
jüýje

курица
towuk

петух
horaz

крыса
alaka

кошка
pişik

мышь
syçan

вол
öküz

собака
it

конура
it ýatagy

садовый шланг
bag şlangy

лейка
guýgyç

коса
orak

плуг
azal

серп

orak

мотыга

kätmen

навозные вилы

dökün çarşagy

топор

palta

тачка

galtak

корыто

kersen

бидон для молока

süýt üçin tüňňür

мешок

halta

забор

haýat

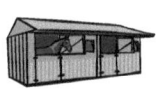

хлев

çörek

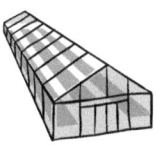

теплица

ýyladyşhana

почва

toprak

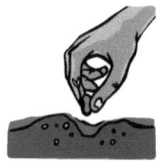

посев

ekin

удобрение

dökün

комбайн

kombaýn

собирать урожай

hasyl ýygnamak

урожай

galla

ямс

ýams

пшеница

bugdaý

соя

soýa

картофель

ýeralma

кукуруза

mekgejöwen

рапс

raps

фруктовое дерево

miwe agajy

маниок

manioka

злаки

däneli ösümlikler

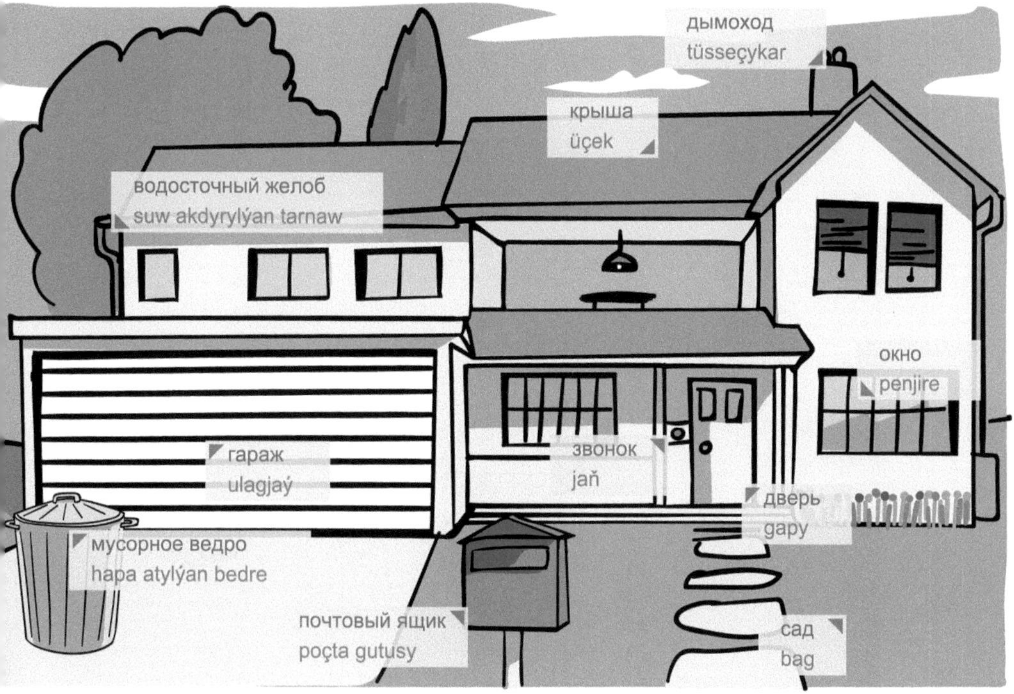

дымоход
tüsseçykar

крыша
üçek

водосточный желоб
suw akdyrylýan tarnaw

окно
penjire

гараж
ulagjaý

звонок
jaň

дверь
gapy

мусорное ведро
hapa atylýan bedre

почтовый ящик
poçta gutusy

сад
bag

гостиная

myhman otagy

ванная комната

wanna otagy

кухня

aşhana

спальня

ýatalga otagy

детская комната

çaga otagy

столовая

naharhana

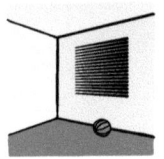

пол
pol

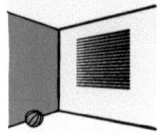

стена
diwar

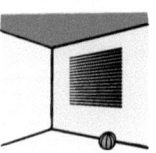

потолок
potolok

подвал
ýerzemin

сауна
hamam

балкон
balkon

терраса
eýwan

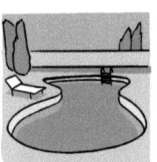

бассейн
howdan

газонокосилка
gazon orujy

пододеяльник
ýorgan daşlygy

покрывало
örtgi

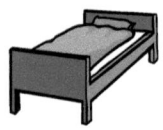

кровать
ýatakça

метла
sübse

ведро
bedre

выключатель
öçüriji

гостиная

myhman otagy

обои
oboýlar
рисунок
çekilen surat
лампа
çyra
полка
tekje
шкаф
şkaf
телевизор
telewizor
камин
kamin
цветок
gül
подушка
ýassyk
диван
diwan
ваза
küýze
пульт дистанционного управления
aralykdan dolandyryş pulty

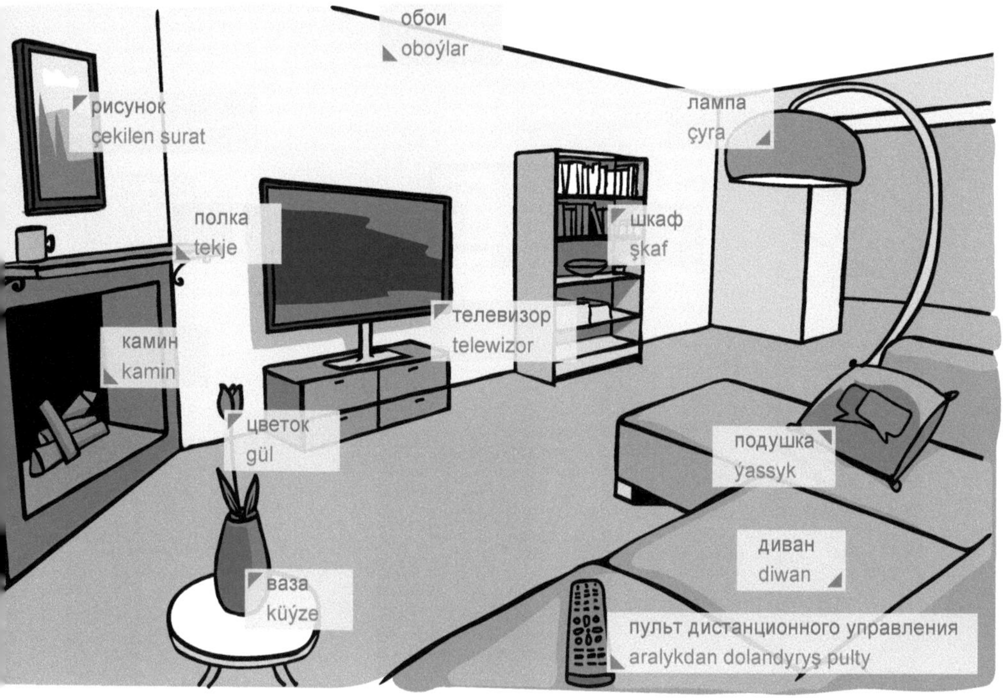

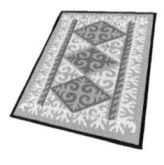

ковёр

haly

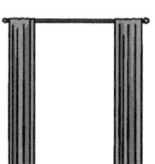

штора

tuty

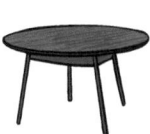

стол

stol

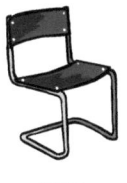

стул

oturgyç

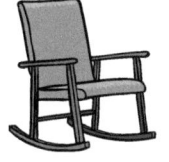

кресло-качалка

öňe-yza gaýdýan kürsi

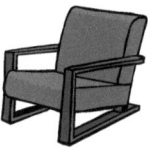

кресло

kürsi

книга
kitap

покрывало
örtgi

украшение
bezeg

дрова
odun

фильм
film

стереосистема
stereo ulgam

ключ
açar

газета
gazet

картина
surat

плакат
ündewsurat

радио
radio

блокнот
bloknot

пылесос
tozan sorujy

кактус
kaktus

свеча
şem

кухня
aşhana

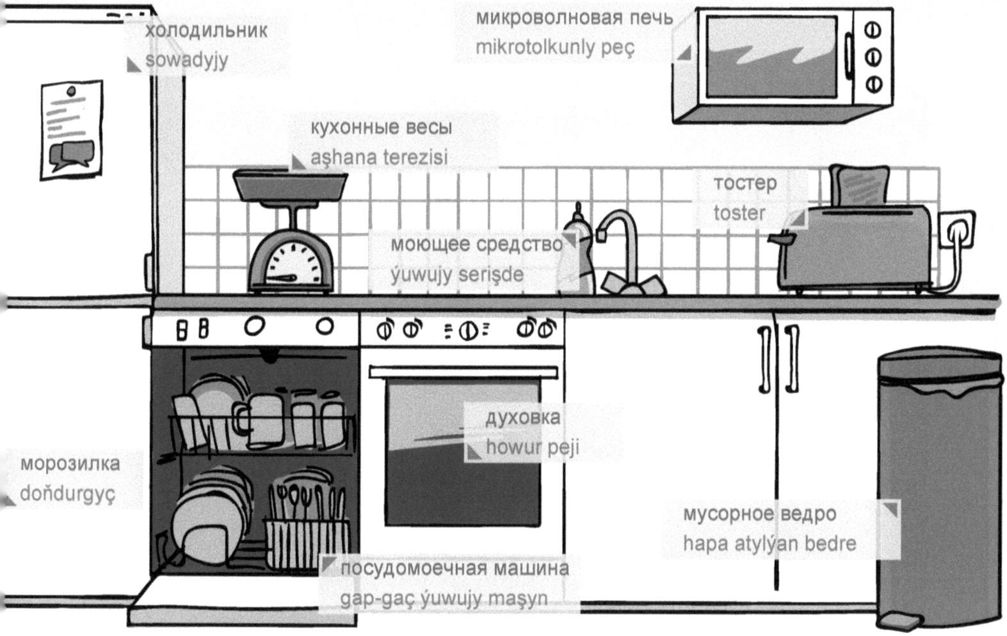
холодильник
sowadyjy
микроволновая печь
mikrotolkunly peç
кухонные весы
aşhana terezisi
тостер
toster
моющее средство
ýuwujy serişde
духовка
howur peji
морозилка
doňdurgyç
мусорное ведро
hapa atylýan bedre
посудомоечная машина
gap-gaç ýuwujy maşyn

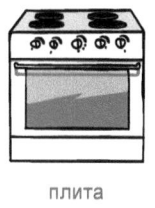

плита
....
plita

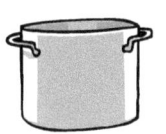

кастрюля
....
piti

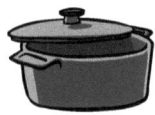

чугунный котелок
....
çoýun gazany

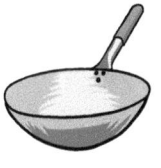

вок / кадай
....
wok / kadaý

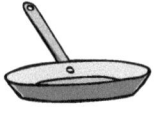

сковорода
....
saç

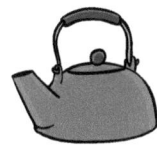

чайник
....
çäýnek, kitir

пароварка

bugda bişiriji

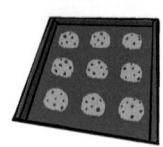

противень

protiwen

посуда

gap-gaç

кружка

kürşge

миска

jam

палочки для еды

nahar iýilýän taýajyklar

половник

susak

лопатка

piljagaz

сбивалка

ýaýylýan maşyn

сито

elek

сито

elek

тёрка

gyrgyç

ступка

soky

гриль

gril

костёр

ot

доска

tagta

скалка

oklaw

штопор

ştopor

жестяная банка

tüneke banka

консервный нож

konserwa pyçagy

прихватка

tutguç

раковина

rakowina

щетка

çotga

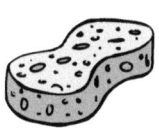

губка

gubka

миксер

mikser

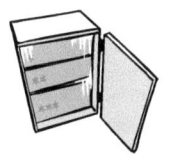

морозильная камера

doňdurma kamerasy

бутылочка для кормления

çagany iýmitlendirmek üçin çüýşejik

кран

kran

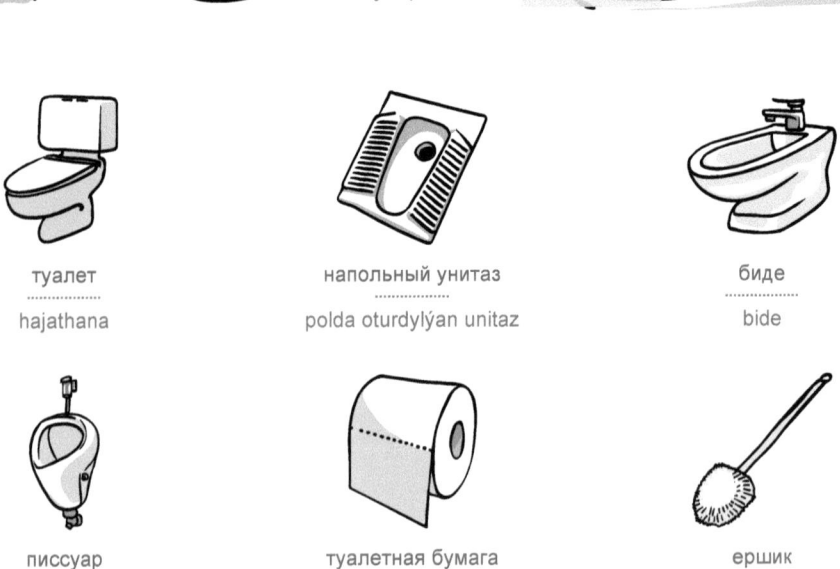

ванная комната
wanna otagy

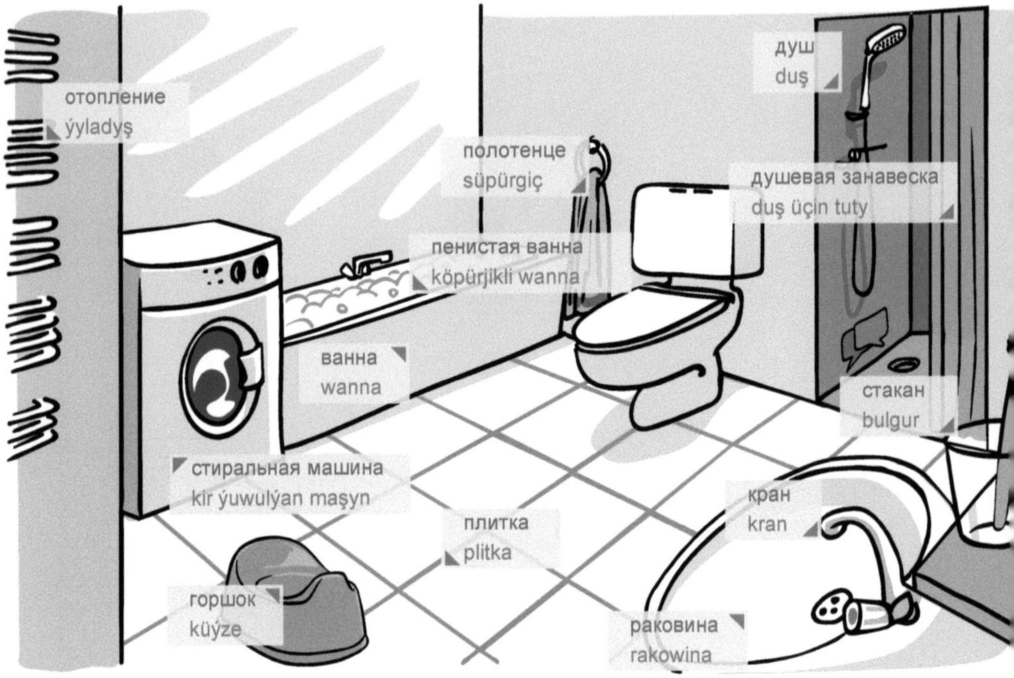

душ
duş
отопление
ýyladyş
полотенце
süpürgiç
душевая занавеска
duş üçin tuty
пенистая ванна
köpürjikli wanna
ванна
wanna
стакан
bulgur
стиральная машина
kir ýuwulýan maşyn
кран
kran
плитка
plitka
горшок
küýze
раковина
rakowina

туалет

hajathana

напольный унитаз

polda oturdylýan unitaz

биде

bide

писсуар

pissuar

туалетная бумага

hajathana kagyzy

ершик

hajathana çotgasy

зубная щетка

diş çotgasy

зубная паста

diş pastasy

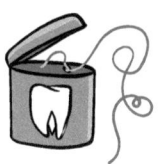

зубная нить

diş sapagy

мыть

ýuwmak

ручной душ

el duşy

интимный душ

şahsy duş

таз

legen

щетка для спины

arka üçin çotga

мыло

sabyn

гель для душа

duş üçin gel

шампунь

şampun

мочалка

moçalka

сток

akyş

крем

krem

дезодорант

dezodorant

зеркало

aýna

ручное зеркало

el aýnasy

бритва

päki

пена для бритья

sakgal syrmak üçin köpürjik

лосьон после бритья

sakgal syrylanyndan soňky losýon

расческа

darak

щетка

çotga

фен

fen

лак для волос

saç üçin lak

косметика

kosmetika

губная помада

dodaga çalynýan reňk

лак для ногтей

dyrnaga çalynýan reňk

вата

pamyk

маникюрные ножницы

manikýur gaýçysy

духи

atyr

косметичка

kosmetika üçin gutujyk

табуретка

oturgyç

весы

terezi

халат

halat

резиновые перчатки

rezin ellik

тампон

tampon

гиеническая прокладка

gigiýena prokladkasy

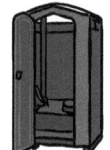

биотуалет

biohajathana

детская комната

çaga otagy

будильник
oýaryjy
мягкая игрушка
ýumşak oýnawaç
игрушечный автомобиль
oýnawaç awtoulag
погремушка
şakyrdawukly oýnawaç
кукольный домик
gurjak öýi
подарок
sowgat

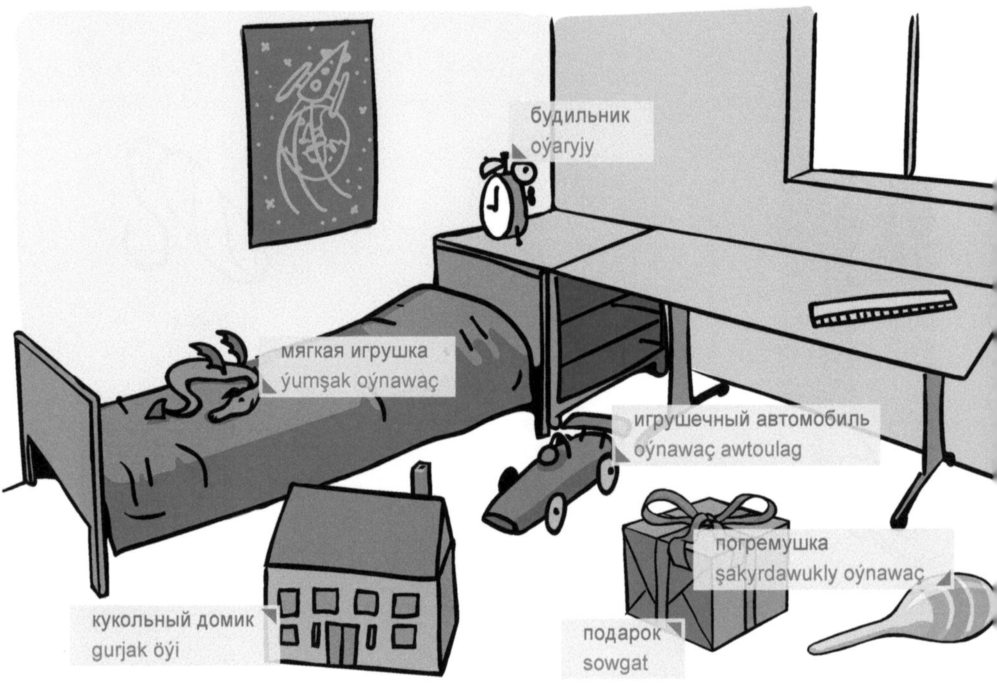

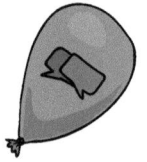

воздушный шар

howaly şar

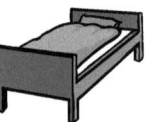

кровать

ýatakça

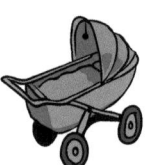

детская коляска

çaga arabasy

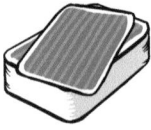

карточная игра

kart oýny

пазл

pazl

SUPER
MEGA

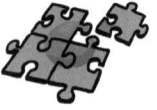

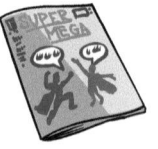

комикс

komiks

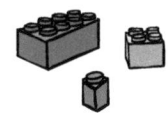

кирпичики Лего

Lego kerpiçleri

кубики

kubikler

игрушечная фигурка

oýnawaç şekil

ползунки

çagalar üçin joraply balak

фрисби

frisbi

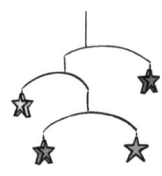

мобиле

mobile

настольная игра

stolüsti oýun

кубик

kubik

модель железной дороги

demir ýolunyň modeli

соска

soska

вечеринка

şagalaň

книга с картинками

şekilli kitap

мяч

top

кукла

gurjak

играть

oýnamak

песочница

çäge aýmança

качели

hiňňildik

игрушка

oýnawaç

игровая приставка

oýun pristawkasy

трёхколесный велосипед

üç tigirli welosiped

плюшевый медвежонок

plýuşadan aýyjyk

шкаф для одежды

egin-eşik üçin şkaf

одежда

egin-eşik

носки

jorap

чулки

çulki

колготки

kolgotka

шарф
şarf

ремень
kemer

зонтик
saýawan

футболка
futbolka

кроссовки
krossowka

сапоги
ädik

тапки
öý şypbygy

сандалии
....
sandaliýa

ботинки
....
aýakgap

резиновые сапоги
....
rezin ädik

трусы
....
türsük

бюстгальтер
....
göwüslik

майка
....
maýka

одежда - egin-eşik

45

боди

bodi

брюки

jalbar

джинсы

jins

юбка

ýubka

блузка

bluzka

рубашка

köýnek

свитер

switer

свитер

switer

спортивная куртка

sport keltekçesi

жакет

žaket

пальто

palto

плащ

plaş

костюм

kostýum

платье

köýnek

свадебное платье

toý köýnegi

мужской костюм

erkek üçin kostýum

ночная сорочка

ýatyş köýnegi

пижама

pižama

сари

sari

платок

ýaglyk

тюрбан

selle

паранджа

perenji

кафтан

kaftan

абайя

abaýa

купальник

suwa düşmek üçin lybas

плавки

plawki

шорты

şorty

спортивный костюм

sport lybasy

фартук

öňlük

перчатки

ellik

пуговица

ilik

очки

äýnek

браслет

bilezik

цепочка

zynjyr

кольцо

ýüzük

серьга

syrga

шапка

papak

вешалка

geýim asgyç

шляпа

şlýapa

галстук

galstuk

застежка молния

syrma

шлем

şlem

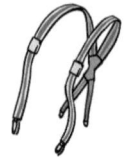

подтяжки

egnaşyr kemer

школьная форма

mekdep lybasy

форма

lybas

детский нагрудник
....
çaga döşlügi

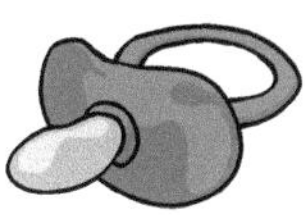

соска
....
soska

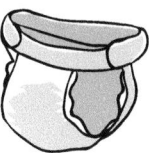

подгузник
....
arlyk

сервер
serwer

канцелярский шкаф
kanselýariýa şkafy

принтер
printer

монитор
monitor

бумага
kagyz

письменный стол
ýazuw stoly

мышь
syçanjyk

папка
papka

клавиатура
klawiatura

корзина для бумаг
kagyz üçin sebet

компьютер
kompýuter

стул
oturgyç

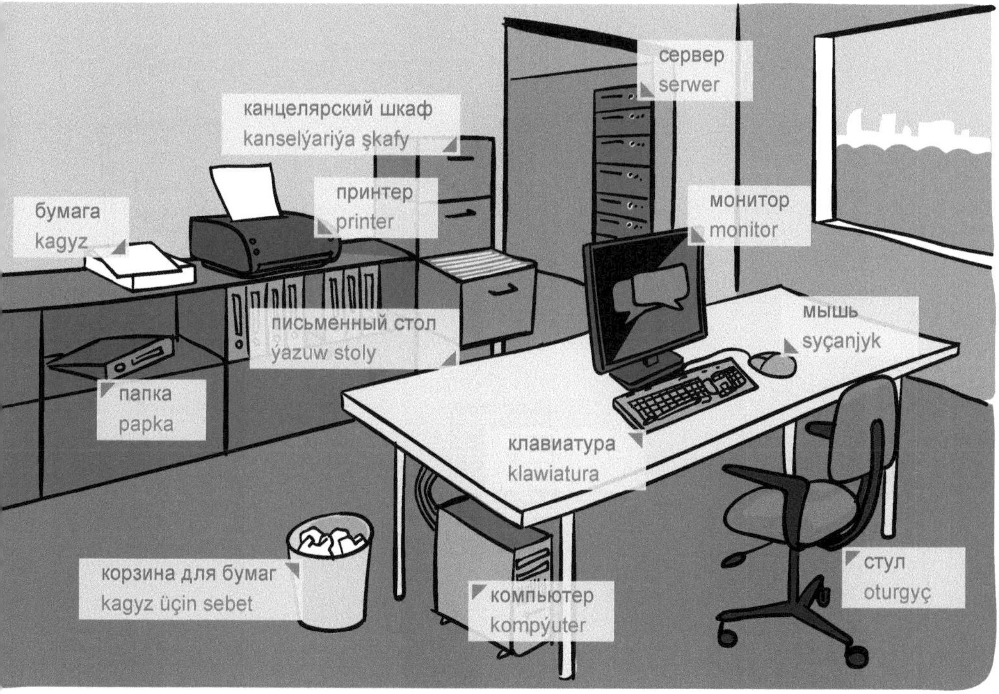

кофейная кружка
....
kofe kružkasy

калькулятор
....
kalkulýator

интернет
....
internet

офис - ofis

49

ноутбук

noutbuk

письмо

hat

сообщение

habar

мобильный телефон

öÿjükli telefon

сеть

tor

ксерокс

kseroks

программа

programma

телефон

telefon

розетка

rozetka

факс

faks

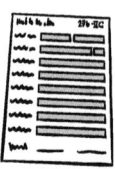

формуляр

formulÿar

документ

resminama

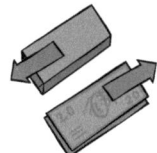

покупать

satyn almak

платить

tölemek

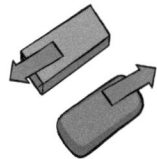

торговать

söwda etmek

деньги

pul

USD

доллар

dollar

EUR

евро

ýewro

JPY

иена

iena

RUB

рубль

rubl

CHF

франк

frank

CNY

жэньминьби юань

ženminbi ýuan

INR

рупия

rupiýa

банкомат

bankomat

пункт обмена валюты

walýuta çalyşmak üçin bent

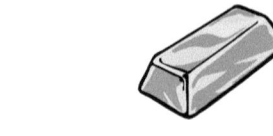

золото

altyn

серебро

kümüş

нефть

nebit

энергия

energiýa

цена

baha

договор

şertnama

налог

salgyt

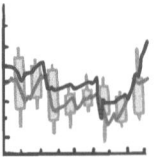

акция

paýnama

работать

işlemek

служащий

gullukçy

работодатель

iş beriji

фабрика

fabrik

магазин

dükan

милиционер
milisiýanyň işgäri

пожарный
ýangyn södüriji

повар
aşpez

врач
lukman

пилот
uçarman

садовник
bagban

столяр
agaç ussasy

швея
tikinçi

судья
kazy

химик
himik

актёр
aktýor

водитель автобуса

awtobus sürüjisi

таксист

taksiçi

рыбак

balykçy

уборщица

tam süpüriji

кровельщик

üçek basyrýan ussa

официант

ofisiant

охотник

awçy

художник

suratçy

пекарь

çörekçi

электрик

elektrik

строитель

gurluşykçy

инженер

inžener

мясник

gassap

сантехник

santehnik

почтальон

hatçy

солдат

esger

архитектор

binagär

кассир

pulhanaçy

флорист

floraçy

парикмахер

dellekçi

кондуктор

konduktor

механик

mehanik

капитан

kapitan

зубной врач

diş lukmany

ученый

alym

раввин

rawwin

имам

imam

монах

monah

священник

ruhany

инструменты
gurallar

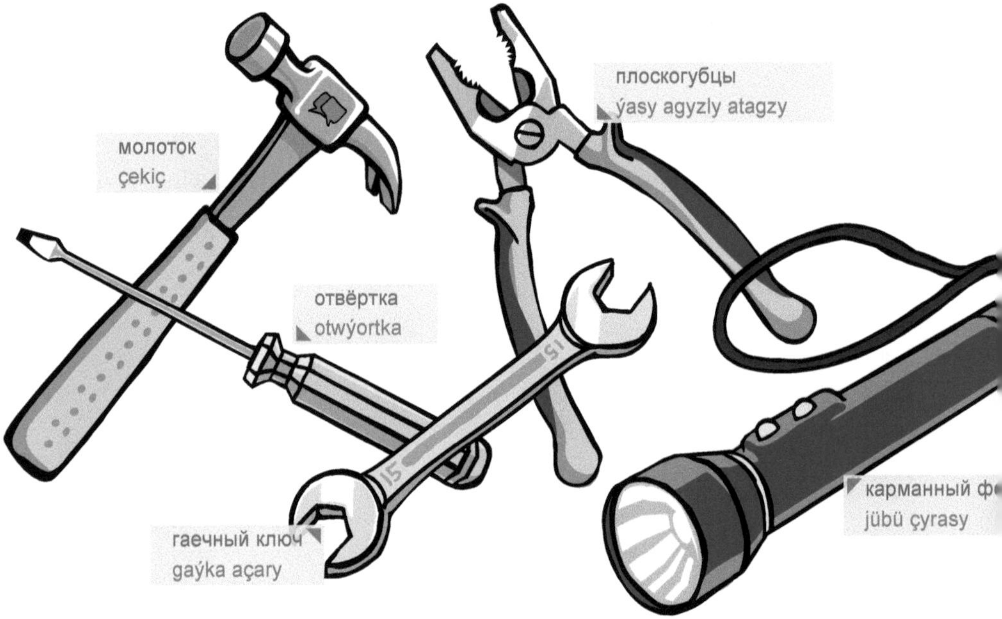
плоскогубцы
ýasy agyzly atagzy
молоток
çekiç
отвёртка
otwýortka
карманный ф
jübü çyrasy
гаечный ключ
gaýka açary

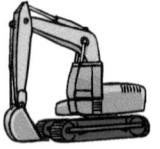

экскаватор

ekskawator

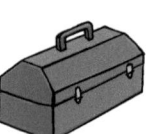

ящик для инструментов

gurallar üçin gap

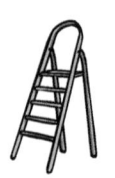

стремянка

merdiwan

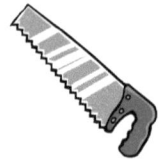

пила

byçgy

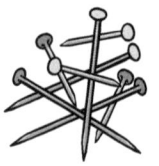

гвозди

çüýler

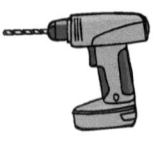

дрель

drel

ремонтировать

abatlamak

лопата

pil

Блин!

Bolmandyr!

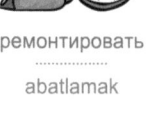

совок

susguç

ведро с краской

boýagly bedre

винты

nurbatlar

музыкальные инструменты
saz gurallary

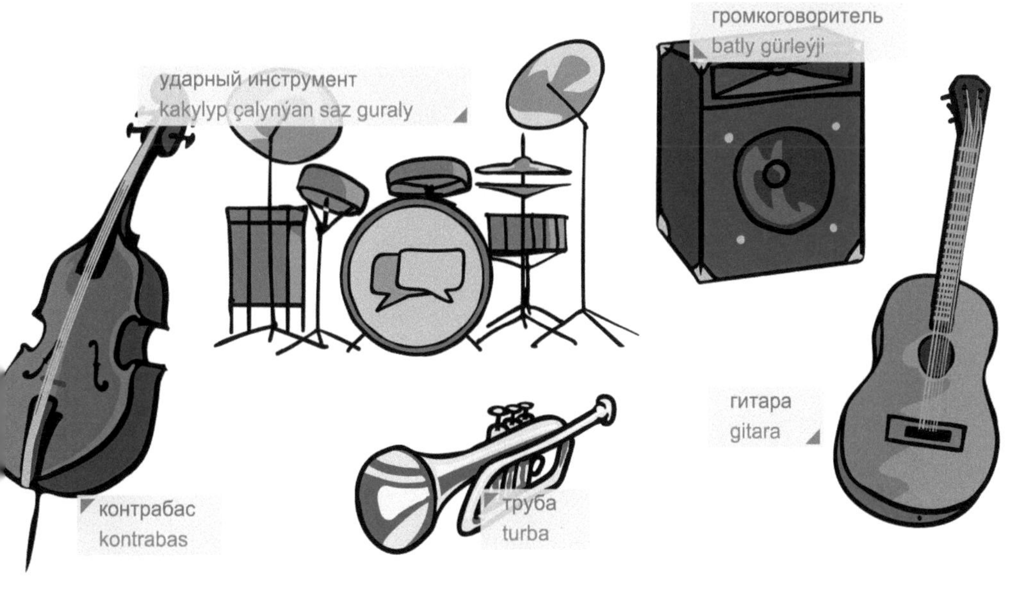

ударный инструмент
kakylyp çalynýan saz guraly

громкоговоритель
batly gürleýji

гитара
gitara

контрабас
kontrabas

труба
turba

пианино

pianino

скрипка

skripka

бас-гитара

bas-gitara

литавры

nagara

барабан

deprek

синтезатор

sintezator

саксофон

saksafon

флейта

fleýta

микрофон

mikrofon

тигр
gaplaň

вход
girelge

клетка
öýjük

зебра
zebra

корм
iým

панда
panda

животные

haýwanlar

слон

pil

кенгуру

kenguru

носорог

nosorog

горилла

gorilla

медведь

aýy

верблюд

düýe

страус

düýeguş

лев

ýolbars

обезьяна

maýmyn

фламинго

gyzylinjik

попугай

hindiguş

белый медведь

ak aýy

пингвин

pingwin

акула

akula

павлин

tawus

змея

ýylan

крокодил

krokodil

служитель зоопарка

haýwanat bagynyň
gullukçysy

тюлень

düwlen

ягуар

ýaguar

пони

poni

леопард

gaplaň

бегемот

begemot

жираф

žiraf

орёл

bürgüt

кабан

ýekegapan

рыба

balyk

черепаха

pyşbaga

морж

suwpişik

лиса

tilki

газель

jeren

американский футбол
amerikan

езда на велосипеде
tigir sürmek

теннис
tennis

баскетбол
basketbol

плавание
ýüzme

бокс
boks

хоккей
hokkeý

футбол
futbol

бадминтон
badminton

лёгкая атлетика
ýeňil atletika

гандбол
gandbol

лыжный спорт
lyža sporty

поло
polo

прыгать
bökmek

смеяться
gülmek

обнимать
gujaklamak

идти
gitmek

петь
aýdym aýtmak

мечтать
arzuw etmek

молиться
dilemek

целовать
öpmek

писать
ýazmak

рисовать
surat çekmek

показывать
görkezmek

нажимать
basmak

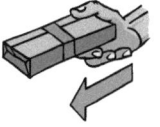

давать
bermek

брать
almak

иметь

eýe bolmak

делать

etmek

быть

bolmak

стоять

durmak

бежать

ylgamak

тянуть

çekmek

бросать

taşlamak

падать

gaçmak

лежать

ýatmak

ждать

garaşmak

носить

götermek

сидеть

oturmak

надевать

geýmek

спать

ýatmak

просыпаться

oýanmak

рассматривать
görmek

плакать
aglamak

гладить
sypalamak

причесывать
daramak

говорить
gürlemek

понимать
düşünmek

спрашивать
soramak

слушать
diňlemek

пить
içmek

кушать
iýmek

наводить порядок
tertipleşdirmek

любить
söýmek

готовить
taýýarlmak

ехать
gitmek

летать
uçmak

ходить под парусом

ýelkeni ýaýyp gitmek

считать

hasaplamak

читать

okamak

учиться

okamak

работать

işlemek

вступать в брак

nikalaşmak

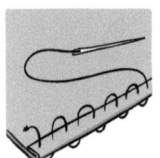

шить

dikmek

чистить зубы

dişiňi arassalamak

убивать

öldürmek

курить

çilim çekmek

отправлять

ugratmak

бабушка
ene

дедушка
ata

папа
kaka

мама
eje

младенец
bäbek

дочь
gyz

сын
ogul

гость

myhman

тетя

daýza

дядя

daýy

брат

aga

сестра

uýa

тело

ten

лоб
maňlaý
глаз
göz
плечо
egin
палец
barmak
лицо
ýüz
подбородок
äň
кисть
penje
нога
aýak
грудь
döş
рука
el

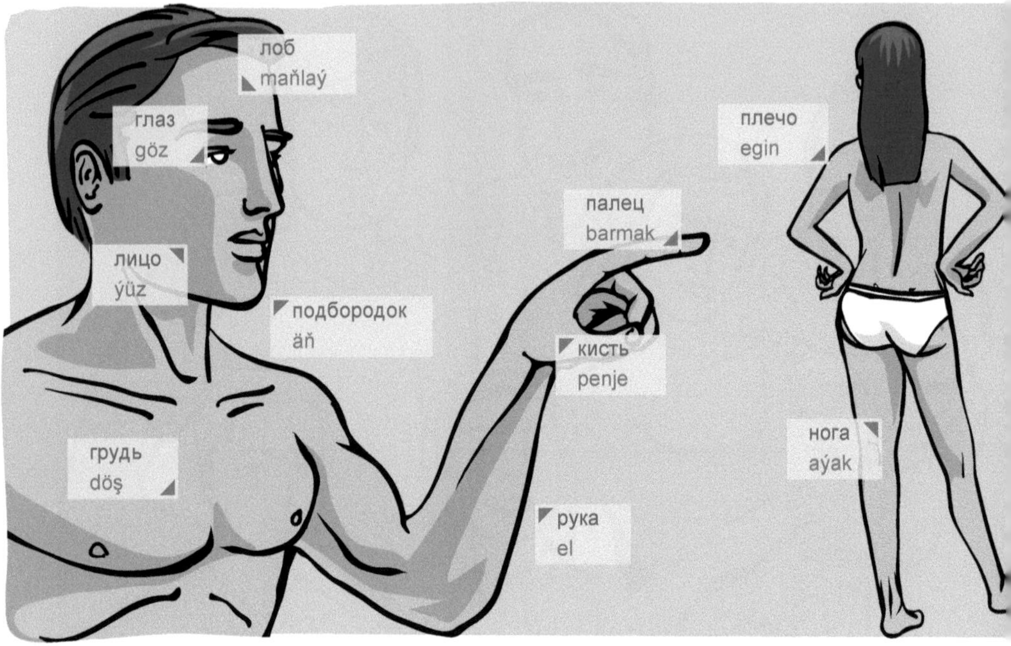

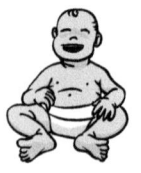

младенец

bäbek

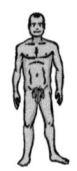

мужчина

erkek

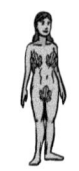

женщина

aýal

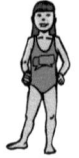

девочка

gyz

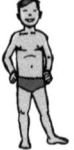

мальчик

oglan

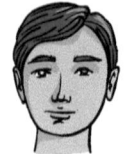

голова

kelle

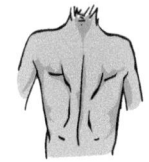

спина

arka

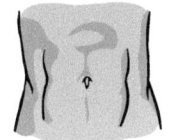

живот

garyn

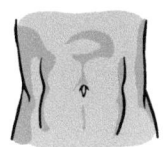

пупок

göbek

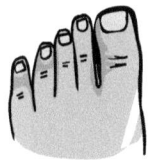

палец ноги

aýak barmagy

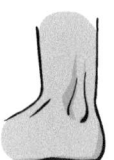

пятка

ökje

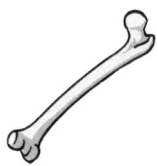

кость

süňk

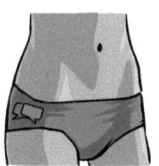

бедро

but

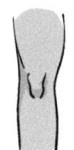

колено

dyz

локоть

tirsek

нос

burun

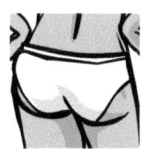

ягодицы

ýanbaş

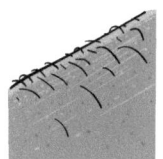

кожа

deri

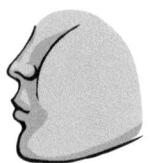

щека

ýaňak

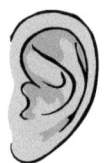

ухо

gulak

губа

dodak

рот
agyz

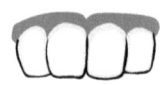

зуб
diş

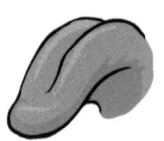

язык
dil

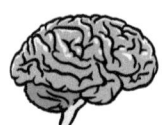

мозг
beýni

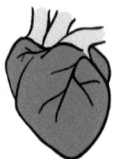

сердце
ýürek

мышца
myşsa

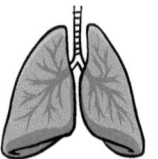

лёгкое
öýken

печень
bagyr

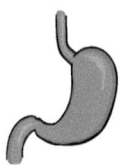

желудок
aşgazan

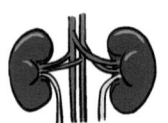

почки
böwrek

половой акт
jyns ýakynlygy

презерватив
prezerwatiw

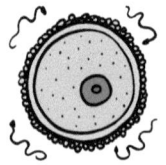

яйцеклетка
erkeklik jyns öýjügi

сперма
tohumlyk

беременность
göwrelilik

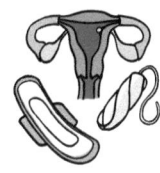

менструация

bil açylma

вагина

wagina

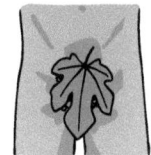

пенис

erkek jyns agzasy

бровь

gaş

волосы

saç

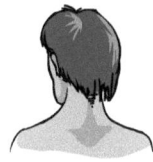

шея

boýun

больница
hassahana

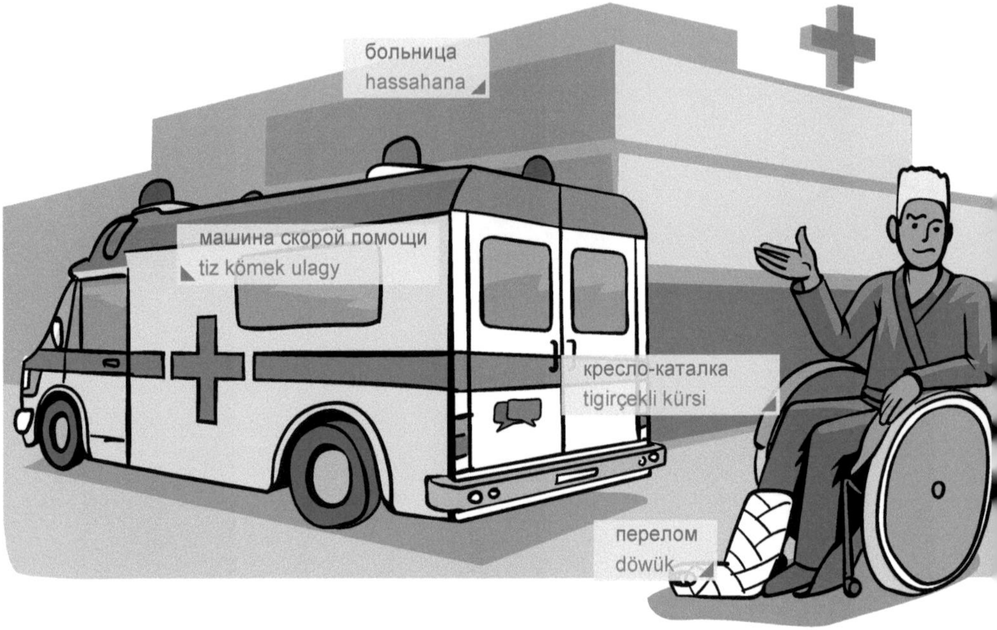

больница
hassahana
машина скорой помощи
tiz kömek ulagy
кресло-каталка
tigirçekli kürsi
перелом
döwük

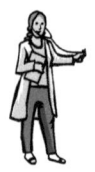

врач

lukman

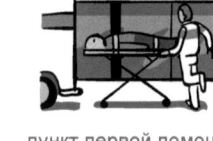

пункт первой помощи

ilkinji kömek nokady

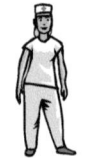

медсестра

şepagat uýasy

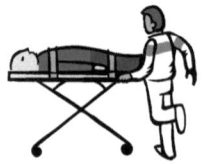

неотложный случай

gaýragoýulmasyz ýagdaý

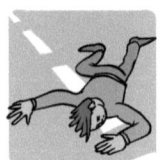

без сознания

özüni bilmän

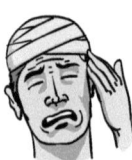

боль

agyry

повреждение

zeper ýetme

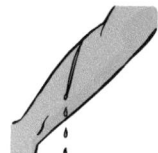

кровотечение

gan akmasy

инфаркт

infarkt

инсульт

insult

аллергия

allergiýa

кашель

üsgülik

вышенная температура

ýokarlanan temperatura

грипп

dümew

понос

içgeçme

головная боль

kelle agyrysy

рак

rak

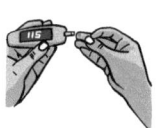

диабет

diabet

хирург

hirurg

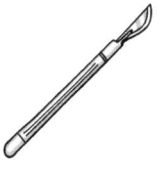

скальпель

skalpel

операция

operasiýa

КТ

iýmit siňdirýän ortlaryň jemi

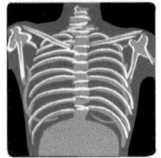

рентген

rentgen

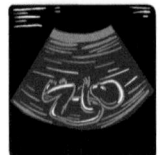

ультразвук

ultrases

маска

maska

болезнь

kesel

приёмная

kabulhana

костыль

pişek

пластырь

plastyr

бинт

bint

укол

sanjym

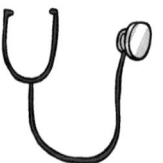

стетоскоп

stetoskop

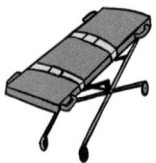

носилки

zemmer

термометр

termometr

рождение

dogluş

избыточный вес

artykmaç agram

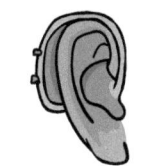

слуховой аппарат

eşidiş abzaly

дезинфекционное средство

zyýansyzlandyryjy serişde

инфекция

ýokanç

вирус

wirus

ВИЧ / СПИД

WIÇ/ AIDS

лекарство

derman

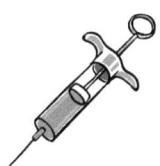

прививка

öňüni alyş sanjymy

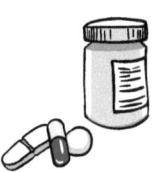

таблетки

gerdejikler

противозачаточная таблетка

göwreli bolmakdan goraýan gerdejik

экстренный вызов

aýragoýulmasyz çagyryş

прибор для измерения кровяного давления

gan basyşyny ölçeýji abzal

больной / здоровый

näsag / sagdyn

сигнал тревоги

howsala signaly

нападение

çozuş

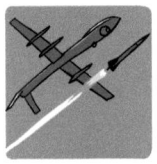

атака

hüjüm

Помогите!

Kömek ediň!

опасность

howp

запасной выход

ätiýaçlyk çykalgasy

огнетушитель

ot söndürijisi

несчастный случай

betbagtçylykly ýagdaý

Пожар!

Ýangyn!

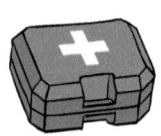

аптечка

derman gutujygy

SOS

SOS

милиция

milisiýa

Европа

Ýewropa

Северная Америка

Demirgazyk Amerika

Южная Америка

Günorta Amerika

Африка

Afrika

Азия

Aziýa

Австралия

Awstraliýa

Атлантический океан

Atlantika ummany

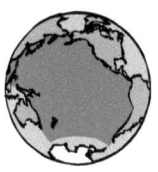

Тихий океан

Ýuwaş umman

Индийский океан

Hindi ummany

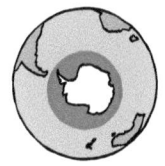

Антарктический океан

Antarktika ummany

Северный Ледовитый
океан
Demirgazyk Buzly umman

Северный полюс

Demirgazyk polýusy

Южный полюс

Günorta polýusy

Антарктика

Antarktida

земля

zemin

суша

gury ýer

море

deňiz

остров

ada

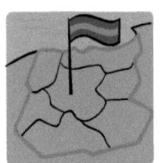

нация

millet

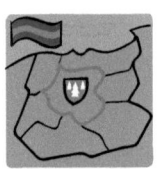

государство

döwlet

земля - zemin

циферблат

siferblat

часовая стрелка

sagadyň dili

минутная стрелка

minut görkezýän dil

секундная стрелка

sekundy görkezýän dil

Который час?

sagat näçe?

день

gün

время

wagt

сейчас

häzir

электронные часы

elektron sagady

минута

minut

час

sagat

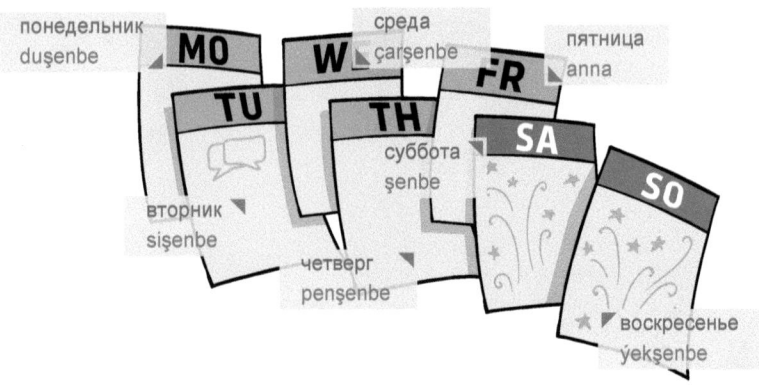

понедельник
duşenbe

среда
çarşenbe

пятница
anna

вторник
sişenbe

четверг
penşenbe

суббота
şenbe

воскресенье
ýekşenbe

вчера

düýn

сегодня

şu gün

завтра

ertir

утро

säher

полдень

günortan

вечер

agşamlyk

MO	TU	WE	TH	FR	SA	SU
1	2	3	4	5	6	7
8	9	10	11	12	13	14
15	16	17	18	19	20	21
22	23	24	25	26	27	28
29	30	31	1	2	3	4

рабочие дни

iş günler

MO	TU	WE	TH	FR	SA	SU
1	2	3	4	5	6	7
8	9	10	11	12	13	14
15	16	17	18	19	20	21
22	23	24	25	26	27	28
29	30	31	1	2	3	4

выходные

dynç günler

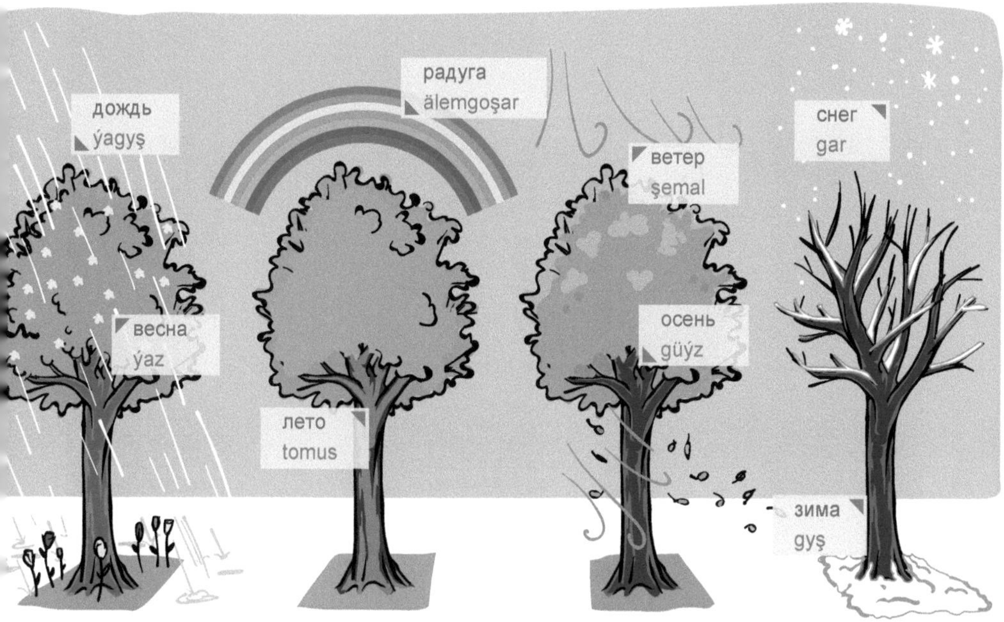

дождь
ýagyş
радуга
älemgoşar
ветер
şemal
снег
gar
весна
ýaz
осень
güýz
лето
tomus
зима
gyş

4.APRIL 11°
5.APRIL 4°
6.APRIL 13°
7.APRIL 8°
8.APRIL 10°

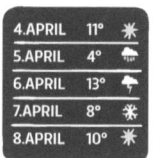

прогноз погоды

howa maglumaty

F
C
120
90
60
30
0
-30
40
30
20
10
0
-10
-20

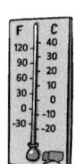

термометр

termometr

солнечный свет

gün ýagtylygy

туча

gara bulut

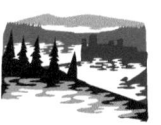

туман

ümür

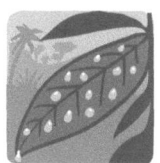

влажность воздуха

howanyň çyglylygy

молния

ýyldyrym

гром

gök gümmürdisi

буря

tupan

град

doly

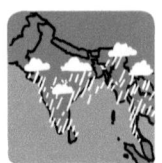

муссон

musson

наводнение

suw alma

лёд

buz

январь

ýanwar

февраль

fewral

март

mart

апрель

aprel

май

maý

июнь

iýun

июль

iýul

август

awgust

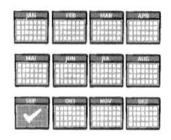

сентябрь
....
sentÿabr

октябрь
....
oktÿabr

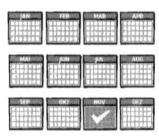

ноябрь
....
noÿabr

декабрь
....
dekabr

круг
....
tegelek

квадрат
....
kwadrat

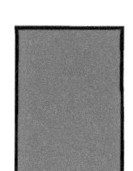

прямоугольник
....
göniburçluk

треугольник
....
üçburçluk

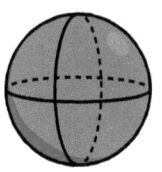

шар
....
şar

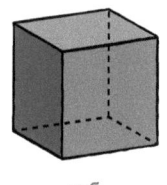

куб
....
kub

белый

ak

желтый

sary

оранжевый

mämişi

розовый

gülgüne

красный

gyzyl

лиловый

liliýa reňkli

синий

gök

зелёный

ýaşyl

коричневый

goňur

серый

çal

черный

gara

много / мало

köp / az

яростный / мирный

gazaply / asuda

красивый / уродливый

owadan / betnyşan

начало / конец

başy / soňy

большой / маленький

uly / kiçi

светлый / темный

açyk / garaňky

брат / сестра

oglan dogan / gyz dogan

чистый / грязный

arassa / hapa

полный / неполный

doly / doly däl

день / ночь

gündiz / gije

мёртвый / живой

jansyz / diri

широкий / узкий

giň / dar

съедобный / несъедобный

iýilýän / iýilmeýän

злой / дружелюбный

gaharly / dostlukly

взволнованный / скучающий

tolgunly / tukat

толстый / худой

çişik / hor

сначала / в конце

başda / soňunda

друг / враг

dost / duşman

полный / пустой

doly / boş

твёрдый / мягкий

berk / ýumşak

тяжёлый / легкий

agyr / ýeňil

голод / жажда

açlyk / teşnelik

больной / здоровый

näsag / sagdyn

незаконный / законный

bikanun / kanuny

умный / глупый

akyly / akmak

слева / справа

çepde / sagda

близко / далеко

ýakyn / daş

новый / подержанный

täze / ulanylan

ничто / нечто

hiç zat / bir zat

старый / молодой

garry / ýaş

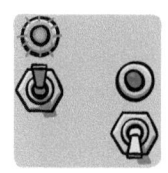

включено / выключено

ýakylan / söndürilen

открыто / закрыто

açyk / ýapyk

тихо / громко

ýuwaş / gaty

богатый / бедный

baý / garyp

правильный / неправильный

dogry / nädogry

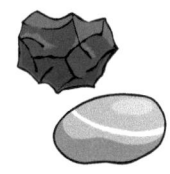

шероховатый / гладкий

büdür-südür / tekiz

печальный / счастливый

gamgyly / şatlykly

короткий / длинный

gysga / uzyn

медленный / быстрый

haýal / tiz

мокрый / сухой

öl / gury

тёплый / прохладный

ýyly / sowuk

война / мир

uruş / parahatçylyk

0	**1**	**2**
ноль	один	два
nul	bir	iki

3	**4**	**5**
три	четыре	пять
üç	dört	bäş

6	**7**	**8**
шесть	семь	восемь
alty	ýedi	sekiz

9	**10**	**11**
девять	десять	одиннадцать
dokuz	on	on bir

12

двенадцать

on iki

13

тринадцать

on üç

14

четырнадцать

on dört

15

пятнадцать

on bäş

16

шестнадцать

on alty

17

семнадцать

on ýedi

18

восемнадцать

on sekiz

19

девятнадцать

on dokuz

20

двадцать

ýigrimi

100

сто

ýüz

1.000

тысяча

müň

1.000.000

миллион

million

английский

iňlis

американский английский

amerikan iňlis

мандаринский китайский

mandarin hytaý

хинди

hindi

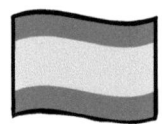

испанский

ispan

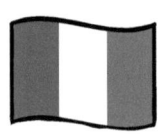

французский

fransuz

арабский

arap

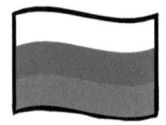

русский

rus

португальский

portugal

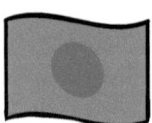

бенгальский

bengal

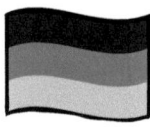

немецкий

nemes

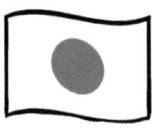

японский

ýapon

я

men

ты

sen

он / она / оно

ol (oglan) / ol (gyz) / ol (jansyz zat)

мы

biz

вы

siz

они

olar

кто?

kim?

что?

näme?

как?

nähili?

где?

nirede?

когда?

haçan?

имя

ady

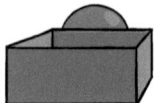

за

yzynda

в

içinde

перед

öňünde

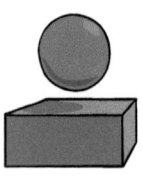

над

bir zadyň üsti

на

üstünde

под

aşagynda

рядом

ýanynda

между

arasynda

место

ýer